CONFÉRENCE BONCENNE

*(Palais de Justice de Niort)*

# FOUS ET CRIMINELS

DISCOURS DE RENTRÉE

PAR

M. GEORGES GRANDMAISON

ÉTUDIANT EN DROIT

NIORT
IMPRIMERIE TH. MERCIER
1, rue Yver, 1

1905

# FOUS ET CRIMINELS

CONFÉRENCE BONCENNE

*(Palais de Justice de Niort.)*

---

# FOUS ET CRIMINELS

DISCOURS DE RENTRÉE

PAR

M. GEORGES GRANDMAISON

ÉTUDIANT EN DROIT

NIORT
IMPRIMERIE TH. MERCIER
1, rue Yver, 1

1905

# FOUS ET CRIMINELS

MESSIEURS,

Je conserverai longtemps un joyeux souvenir du jour où vous m'avez désigné pour prendre la parole ce soir : c'était à la fin de notre traditionnel banquet, au moment où nous levions nos verres à la prospérité de la conférence Boncenne.

J'acceptai alors l'honneur que vous vouliez bien me faire pour avoir le plaisir de remercier, au nom de tous, notre excellent président et les membres distingués du bureau, de leur zèle infatigable et de leur inlassable dévouement pour notre conférence.

*
* *

La question que je me propose de traiter est la suivante ? : Les criminels sont-ils des fous ? C'est un sujet bien grave et bien difficile pour mon inexpérience. Aussi vous serais-je reconnaissant, messieurs, de m'accorder toute votre indulgence. D'ailleurs, mon intention n'est pas de faire un exposé complet de toutes les théories émises sur le crime et la folie, il faudrait pour cela posséder la science d'un médecin aliéniste ou d'un savant ; je vais seulement passer en revue, le plus clairement possible ces différents systèmes, en me plaçant au point de vue de la responsabilité pénale et surtout en faisant appel au bons sens, qui n'est pas, en cette matière, je crois, la « chose du monde la mieux partagée ». En effet, cette question qui a passionné et passionne encore le monde, à juste titre d'ailleurs, a donné lieu à bien des théories fantaisistes dont je vous parlerai tout à l'heure.

*
* *

Pour savoir si les criminels sont des fous, il est utile de déterminer tout d'abord les caractères de la folie.

Les aliénistes ont remarqué quatre caractères principaux dans l'aspect extérieur de leurs malades :

Le premier est ce qu'on appelle le « polymorphisme des expressions », ce qui veut dire que les expressions les plus diverses et les plus opposées se succèdent avec une rapidité surprenante sur la figure de l'aliéné, c'est le signe extérieur de l'incohérence de ses sentiments, de ses conceptions et de ses efforts.

Le deuxième qui tient de très près au premier, est l'incohérence de la physionomie : très souvent, en effet, chez l'aliéné, l'expression ne répond pas à la nature de la conception qui paraît lui avoir donné naissance. Par exemple, un fou paraîtra très triste quand il vous exposera des choses très gaies, ou vous parlera des choses du monde les plus simples avec une physionomie empreinte d'une gravité extraordinaire.

De plus, la physionomie du fou rend tout aussi mal l'action exercée sur lui par les phénomèmes du dehors : ainsi, il pleurera devant une chose gaie et rira devant une chose triste, c'est le troisième caractère.

Enfin, surmenée par des agitations qui la font tour à tour aller au-delà ou rester en deça des impressions qu'elle doit rendre, la physionomie du fou tend à la monotonie, indice de la stupidité et de l'indifférence universelle. C'est dit-on, l'un des éléments les plus importants du diagnostic de la folie.

Voyons maintenant si la physionomie du criminel présente ces caractères.

D'abord, est-ce que l'on retrouve chez le criminel le « polymorphisme des expressions » ? Oui, cette variété d'expression, cette rapidité avec laquelle se succèdent les changements de physionomie, peuvent très bien se retrouver chez le criminel, comme chez les hommes sains d'esprit. Mais les changements de physionomie ne se succèdent pas de la même façon, ils ne sont pas instantanés, ils sont préparés et répondent logiquement à des dispositions d'esprit qui s'ajustent d'elles-mêmes aux circonstances, ils ne changent pas si subitement et on peut les étudier. Le juge qui a pu examiner un grand nombre de criminels peut comprendre ces jeux de physionomie, tandis que chez le fou ils ne se comprennent pas et se succèdent sans raison.

Quant au deuxième caractère, l'incohérence de la physionomie, il n'est même pas besoin de le discuter, un criminel paraîtra gai quand il vous exposera des choses gaies, et triste, quand au contraire il vous parlera de choses tristes.

Il en est de même du troisième caractère qui nous montre le fou pleurant devant une chose gaie et riant devant une chose triste. Il est vrai cependant que nous n'éprouvons pas tous les même émotions devant un même spectacle et même si nous éprouvons des impressions identiques, nous ne les rendons pas de la même façon. Devant le cadavre de la victime, l'assassin, les gendarmes, le juge d'instruction, les médecins, n'auront pas les mêmes sensations, ni les mêmes physionomies. Mais chacun comprendra les sentiments des autres, il ne pourra pas toujours les comprendre exactement, mais il sentira bien que dans ces physionomies il y a un idiome dont il a la clef, une langue qui est la sienne.

*
* *

D'après ce que nous venons de dire, nous pouvons donc

conclure que le fou est un organisme cessant de plus en plus d'être en rapport avec les phénomènes extérieurs comme avec les pensées des autres hommes. Les relations qu'il entretenait avec le monde extérieur sont rompues, il est seul, c'est un être isolé, tellement isolé que même les autres fous ne le comprennent pas.

Le criminel lui, conserve, en quelque sorte, ses relations avec le monde. Il cherche à se maintenir dans la société qu'il dupe et dont il vit. On peut objecter que, puisqu'il trouble la société régulière, il n'est pas un être sociable. C'est faux ; il lui faut, le plus souvent, un échange de sentiments et d'idées, une coopération, une association. Il est sociable, puisqu'il forme avec ses semblables des sociétés, tandis que les aliénés restent seuls, isolés. M. le docteur Taylor dans son traité de médecine légale dit : « Les aliénés n'ont jamais de complice dans les actes qu'ils commettent. » M. Legrand du Saule dans *La folie devant les tribunaux*, a dit de même : « En général le criminel a un ou plusieurs complices, l'aliéné n'en a pas. » Jamais, paraît-il, même pour la sortie de l'asile, deux fous ne se concerteront. La conscience du fou est un monde à part. Il n'y a aucun échange entre ses conceptions et celles d'un autre fou.

Chez les malfaiteurs, on voit très souvent au contraire des sociétés; quelques-unes peuvent ne pas durer longtemps, car chez ces hommes, l'égoïsme l'emporte de beaucoup sur les autres sentiments. Mais enfin elles existent en grand nombre et réussissent souvent à se propager et quelquefois à durer même. Le criminel a brisé avec la société régulière, mais il s'est fait peu à peu des sentiments, des idées, un langage qui lui sont communs avec d'autres, il s'entend avec des hommes de la même perversion que lui, quelquefois, souvent même, nous trouvons un malfaiteur qui, plus intelligent et plus énergique que ses compagnons, a pris sur eux une certaine influence et est devenu leur chef.

Il faut signaler encore une différence importante : Le criminel est toujours lui-même ; il conserve toujours son caractère, ou du moins, si son caractère est modifié par le crime, il sait ce qu'il était auparavant, tandis que le fou ne sait plus ce qu'il était lui-même, c'est un homme qu'un changement radical de caractère a violemment séparé de son propre passé. En effet, tous les aliénistes nous disent que la folie brise en quelque sorte la personnalité du malade et modifie promptement ses facultés : « Le grand trait de la folie, a dit l'un d'eux, est un changement de caractère. D'un homme au tempérament violent on peut prouver qu'il a toujours été le même, mais un homme frappé d'aliénation mentale est différent de ce qu'il a été antérieurement. »

Vous voyez donc, messieurs, qu'il y a des distinctions marquées entre l'homme atteint de folie et le criminel. Mais il y a une autre sorte de folie avec laquelle on a confondu très facilement le crime et qui a été appelée : la folie morale.

*
* *

Qu'est-ce donc que cette folie morale : Maudsley dans son livre, *Crime et Folie*, nous en donne la définition suivante : « C'est une forme de l'aliénation mentale qui a si bien l'apparence du vice ou du crime que beaucoup de gens n'y veulent voir qu'une imagination des médecins sans le moindre fondement réel. » Il n'est pas difficile en effet de croire que la folie morale n'existe pas. Au premier abord le fou moral ne se distingue pas des autres hommes, il conserve ses facultés intellectuelles dans son intégrité, il raisonne comme les autres. Ce qui est atteint chez lui, ce sont les facultés « morales », sentiments affectifs, pitié, respect d'autrui, pudeur, probité. En un mot, il est privé de sens moral et par conséquent ni libre, ni responsable. C'est donc un malade, et ce qui est plus grave, on ne le sait pas malade, on le prend pour un être responsable parce qu'il peut avoir une certaine conscience du caractère criminel de l'acte qu'il a commis, il répond avec précision, raisonne sur beaucoup de choses avec clarté, mais il est entraîné vers son crime irrésistiblement : c'est le « frein moral » qui lui fait défaut : le sens moral, en effet, est en quelque sorte un « frein » au service de la volonté.

Certains auteurs se sont servis de la folie morale pour construire des théories variées sur les criminels ; étudions ensemble, si vous le voulez bien, l'une de ces théories, la plus extraordinaire et la plus attachante, je ne dis pas la plus vraisemblable, celle de l'italien Lombroso.

Lombroso ne fait pas de distinction entre le fou moral et son type de criminel-né :

« Les caractères, dit-il, que nous avons étudiés chez le criminel-né sont les mêmes de celui qu'on appelait jadis fou moral, avec lequel par conséquent non seulement il se fond, mais il se confond. »

Le criminel-né, c'est donc l'homme privé de sens moral, ce que nous appelons le fou moral. Mais d'où vient ce criminel-né ? C'est ici que se place la théorie de l'atavisme où, comme vous allez le voir, messieurs, Lombroso manque énormément de politesse envers ses aïeux.

Le crime pour lui est un fait d'atavisme, c'est un retour à la barbarie de nos premiers ancêtres. Les premiers hommes étaient tous des meurtriers et des voleurs. Et ces instincts de cruauté et de cupidité se réveillent après plusieurs milliers d'années chez quelques hommes qui deviennent alors nos criminels d'aujourd'hui. Il en est ainsi, par exemple, du cannibalisme, qui, paraît-il, était pratiqué par nos ancêtres :

« Ces coutumes exécrables, ont disparu devant la civilisation, mais on les voit reparaître de loin en loin, par exemple, dans les sièges, dans les naufrages, dans les famines. »

Et Lombroso nous donne de scrupuleux détails sur ce qui se passait le lendemain de la mort du maréchal d'Ancre : le cadavre avait été déterré et mis en pièces, l'un des exécuteurs posthumes se léchait les doigts ensanglantés ; un autre, qui avait arraché le cœur, le faisait griller et le mangeait sur la place publique.

Les criminels de Lombroso sont donc criminels dès l'enfance, puisque c'est par atavisme qu'ils le sont. Tous les germes de la folie morale et du crime se retrouvent chez l'enfant, la seule différence qui existe entre ceux qui deviennent honnêtes et ceux qui restent criminels, c'est que les uns ont une bonne nature, les autres, des instincts pervers. Et alors, l'éducation peut empêcher une bonne nature de passer du crime infantile et transitoire au crime habituel, mais ne peut changer ceux qui sont nés avec des instincts pervers.

Donc tous les criminels sont des criminels-nés. S'ils diffèrent les uns des autres, l'occasion seule en est cause. Il en est de même dans tous les modes de développement de l'être humain. Ainsi Raphaël était un peintre né qui n'a eu besoin que de « certaines occasions » pour arriver à faire ses chefs-d'œuvre.

De plus ces criminels-nés se révèlent à nos yeux, par des signes extérieurs, anatomiques et physiologiques. Je ne vais pas, messieurs, entrer dans tous les détails que donne Lombroso sur le crâne, le squelette, les différents organes des criminels, ce serait beaucoup trop long ; je me contenterai seulement de vous parler de la physionomie :

« Les homicides habituels, dit-il, ont le regard vitreux,

froid, immobile, quelquefois sanguinaire et injecté, le nez souvent aquilin ou crochu comme celui des oiseaux de proie, toujours volumineux, les mâchoires sont robustes, les oreilles longues, les pommettes larges, les cheveux crépus sont abondants et foncés. La barbe est rare, les canines très développées, les lèvres fines... » C'est tout le contraire pour la femme : la femme qui a beaucoup de barbe a beaucoup de dispositions au crime. Mais, pour les hommes, Lombroso insiste surtout sur les oreilles écartées, les cheveux abondants, la barbe rare, les mâchoires énormes, le menton carré et saillant, les pommettes larges, les gestes fréquents. Le fameux Troppmann, dont vous avez tous entendu parler, avait le front fuyant, la barbe rare, la chevelure dure et les oreilles en anse. C'est un type ressemblant un peu au nègre ; ce qui fortifie encore la théorie du criminel par atavisme.

Ce type, on le retrouve, même chez les plus jeunes délinquants : Lombroso nous donne comme exemple des enfants de 9 ans, originaires de Paris, représentant des types accomplis de jeunes scélérats. Ils avaient les noms suggestifs et très symboliques de : File-Menton, La Comète, Margoulin, Bec-de-Lampe, Maltourné, Tête-d'Or, Museau de Brochet, La Savate et Moule-à-Singe.

Et surtout, messieurs, gardez-vous de fréquenter des gens tatoués, car c'est une anomalie caractéristique des criminels, d'après Lombroso. Le tatouage est paraît-il, très répandu parmi eux, on a trouvé des individus qui s'étaient tatoués, soit un habit complet d'amiral ou de général, soit les différentes aventures qu'ils avaient eues pendant le cours de leur vie.

Tel est donc le criminel-né ou le fou moral puisque Lombroso les confond. Vous savez qu'on naît poète, qu'on ne le devient pas, eh bien ! il en est de même pour le criminel, on naît criminel, on ne le devient pas ; de plus on reste criminel, on ne peut plus devenir un honnête homme. Et Maudsley fortifiant ici la thèse de Lombroso nous apprend qu'il a entendu dire plusieurs fois à des voleurs que, fussent-ils millionnaires, ils continueraient leur métier.

*
* *

Est-ce que ce type de criminel existe réellement ? Telle est la question qui se pose à présent. Voyons donc avant d'entrer dans la discussion des détails, comment Lombroso a constitué son type de criminel-né. Il a été tout simplement chercher des faits de toute nature : physiologiques, anatomiques, moraux, sociologiques chez tous ceux dont se sont occupés les feuilles judiciaires, à quelque titre, dans quelques conditions que ce soit. Tous les criminels célèbres ont contribué qui pour une parole, qui pour un acte, qui pour un trait de son visage ou pour la couleur de ses cheveux, à enrichir ce type de criminel-né. Tous ces caractères du criminel-type sont donc plutôt des effets que l'essence même du crime.

D'ailleurs, il ne peut pas y avoir un type de criminel, il n'y a pas de type de criminel. Si ce type existait, tous les criminels de toutes les races se ressembleraient. Le criminel chinois serait alors constitué de la même façon que le criminel français et présenterait les mêmes particularités cérébrales que le criminel nègre. Eh bien non ! les voleurs et les assassins portent les traits anthropologiques qui caractérisent la race à laquelle ils appartiennent. Il y aurait donc alors plusieurs types de criminels. Pas plus. On a trouvé des honnêtes gens, même des hommes remarquables qui avaient le crâne fait comme les pires assassins. D'ailleurs, il paraît que la tête d'un honnête homme ressemble beaucoup à celle d'un bandit dans certaines occasions. J'ai trouvé à ce propos dans l'*Escalade*, de Maurice Donnay, une scène dans laquelle la théorie de Lombroso est fort malmenée. Un savant montre à une jeune femme un album où sont réunies des têtes d'assassins. Je cite :

— « Puisque vous aimez les criminels, regardez donc cette collection que j'ai reçue dernièrement.

— Ils sont encore *plus terribles* que les autres. Oh ! celui-là, il a les yeux de travers, une mâchoire de brute, il a bien la tête de l'emploi.

— N'est-ce-pas ?

— Et à côté de cà, celui-ci n'a pas l'air méchant... Peut-être que s'il avait été élevé dans un milieu honnête, s'il avait reçu de l'instruction...

— Il a reçu une certaine instruction.

— Vous en êtes sûr.

— Absolument sûr, c'est moi, oui, c'est moi et *quelques-uns de mes amis*, de mes élèves. J'ai obtenu d'eux qu'ils se fassent photographier par le service anthropométrique en chemise de nuit, au saut du lit, *sans être rasés ni peignés*, la photographie sans retouches... Voilà ce que ça donne. »

Et pourtant, messieurs, il est incontestable que certains policiers ont un flair spécial qui leur révèle les idées et les tendances criminelles d'un homme qui s'apprête à commettre un assassinat ou qui l'a commis. C'est vrai, mais ce n'est pas par le signalement anatomique que le policier reconnaîtra l'assassin, c'est plutôt par le signalement physiologique. En effet, avant l'accomplissement du crime par exemple, dans l'esprit du criminel, il se produit une lutte qu'un œil exercé peut apercevoir dans le regard de celui qui va devenir assassin, car ce n'est pas l'œil qui dénonce le criminel au policier, c'est le regard, ce n'est pas la mâchoire plus ou moins proéminente, c'est plutôt le sourire qui naît par un effort de volonté et non franchement, sincèrement comme celui d'un honnête homme, ce n'est pas la structure du crâne, ni l'angle facial, c'est l'expression de la physionomie tout entière, ce n'est pas la taille, la longueur démesurée des bras, c'est l'allure, la démarche, une certaine hésitation dans les gestes. Il en est absolument de même quand le criminel ayant accompli son crime, il est tourmenté par le remords.

Lombroso nous parlait aussi du tatouage. Pourquoi a-t-il trouvé tant de criminels tatoués ? C'est bien simple. Il les a vus, soit sortant de prison, soit après un assez long séjour au bagne où ils se font tatouer pour occuper leurs loisirs. Et d'ailleurs on trouve beaucoup de criminels qui ne sont pas tatoués, de même que l'on trouve beaucoup d'honnêtes gens qui le sont : des marins, des soldats, des lutteurs qui ne sont ni voleurs, ni assassins ont sur la poitrine et sur les bras, des cœurs percés de flèches et de fières devises.

Vous voyez donc, messieurs, qu'il ne peut y avoir un type immuable de criminel, au contraire, le criminel suit les modifications de la race à laquelle il appartient, subit les mêmes transformations, s'adapte en quelque sorte au milieu social dans lequel il vit, tout en étant dans la société un élément contraire à toute société. On ne peut donc pas parler ici d'atavisme, tout au plus peut-on dire qu'il y a quelquefois folie morale par hérédité.

* * *

« A côté de la folie morale nous trouvons la folie impulsive » ou plutôt, comme on l'a dit peut-être avec raison, la folie impulsive est-elle le « type le plus remarquable de la folie morale ». Ce qui est certain, c'est qu'il y a un état pathologique où le malade se sent poussé par certaines idées qui l'obsèdent, contre lesquelles il lutte quelque temps, mais auxquelles il finit par céder, quelles que soient la douleur ou la honte qu'il en éprouve.

L'autre jour en parcourant le journal, mes yeux furent attirés par les lignes suivantes :

« Arrêtez-moi, je vous en prie, car je vais commettre un crime. » C'est en ces termes, que le 23 mai dernier, Emile Digot, maçon, s'adressait à un gardien de la paix qui lui répondit en souriant paternellement : « Voyons, rentrez chez vous. »

Emile Digot ne rentre pas chez lui et se rend coupable d'un crime. Et le chroniqueur continuait :

« Ce n'est pas une fois, mais 20 fois que nous avons tous remarqué dans les faits divers ou dans la chronique judiciaire un incident, pour ne pas dire un accident analogue : certains hommes qui se sentent incapables de résister aux impulsions violentes, à la pensée homicide qui les guide, invoquent l'assistance des gardiens de la paix « Coffrez-moi ou je fais un malheur ! » Et comme malgré leur bonne volonté qui n'est pas niable, les agents ne peuvent faire droit à cette requête, le sang coule... »

Le journaliste profitait de l'occasion pour recommander plaisamment la création de nouveaux agents capables d'empêcher de commettre leurs crimes à ces criminels fous. Nous ne le suivrons pas dans ces digressions qui sortent de notre sujet et nous constaterons simplement que ces malades rentrent bien dans notre catégorie de fous impulsifs. On peut dire de l'homme qui crie : « Arrêtez-moi, je vais commettre un crime » qu'il en est bien le type. Le « frein moral » n'est pas assez fort, la volonté cède, le malade devient criminel. Il accomplit son acte par accès, non par occasion, sans plaisir (autre que celui que le malade éprouve pour un instant à se débarasser d'une obsession), généralement enfin pour le plus futile, sinon pour le plus absurde des motifs.

Les différentes monomanies : dipsomanie, kleptomanie, et autres pourraient bien être aussi des formes de la folie impulsive. Ce n'est pas à nous de résoudre la question. Nous avons seulement à constater qu'il existe certaines formes de manie qui constituent un état maladif et qui par là se rapprochent beaucoup de la folie, comme la dipsomanie par exemple, dont les caractères sont assez faciles à déterminer. Le dipsomane, c'est-à-dire celui qui boit et s'enivre malgré lui, dans les intervalles de ses crises manifeste le plus profond dégoût pour les boissons alcooliques. Aussi quand il se sent à la veille d'être repris par son accès, éprouve-t-il une tristesse profonde ; sa volonté ne coopère en rien à la faute, c'est pourquoi le regret, si sincère qu'il soit, ne l'empêchera pas de succomber à nouveau. Il en est de même pour la pyromanie, kleptomanie, érotomanie. Il y a d'abord une lutte pénible, car il y a une conscience douloureuse de l'état qui se prépare et de l'impulsion qui s'approche. Quand l'individu cède, son regret disparaît, ou du moins le plaisir l'emporte chez lui et il accomplit l'acte froidement comme s'il n'avait aucune conscience de la portée morale de son forfait. La crise passée, le regret se fait sentir de nouveau dans son cœur et il s'efforce bien souvent de réparer, s'il le peut, le mal qu'il a fait.

On retrouve dans toutes les folies analogues, à celles que je viens de citer, toujours les mêmes phases du mal. Il en est ainsi dans la sitiomanie, dans l'agoraphobie, c'est-à-dire, la peur des espaces, l'arithmomanie, la crainte d'un nombre déterminé. Toujours s'offrent cette succession d'états psychologiques, cette alternance de tristesse et de cynisme, d'agitation et de calme, de plaisir et de regret, tous également involontaires, qui en constituent la loi.

D'autres malades qui peuvent être confondus avec les

criminels et qui sans être des fous, s'en rapprochent sensiblement, sont les épileptiques. L'épileptique est porté à des actes de violence, mais il a aussi des intervalles de lucidité et de calme qui le rapprochent plus sensiblement des hommes sains d'esprit. Les accès sont périodiques comme pour les dipsomanes et les différents impulsifs, mais l'apparition de l'accès est plus brusque et la durée plus courte. Enfin son acte de violence accompli l'épileptique n'a pas de remords, il n'a même généralement aucun souvenir de ce qu'il vient de faire et de l'état qu'il vient de traverser.

Ce qui fait la difficulté de le distinguer du criminel, c'est que son accès éclate vite et finit vite. Quand on l'arrête, on le trouve en apparence semblable aux autres. Il faut la connaissance d'une période plus ou moins longue de l'existence de l'accusé. Hors de ses accès, on le prend souvent ainsi pour un criminel vulgaire un peu plus féroce, un peu plus dissimulé, parce qu'il nie, dit-on, systématiquement, parce qu'il a fait le mal pour le mal, sans provocation et sans motif. Maudsley nous cite par exemple, le cas d'un homme qui avait tué sa mère d'une façon horrible :

« Un jour, dit-il, il prit sa vieille mère à la gorge à plusieurs reprises, la jeta par terre, s'assit sur elle et se mit à la frapper sans relâche. Quand on s'empara de lui, il cria : « C'est une coquine ! elle m'a fait toutes les misères possibles, il y a longtemps que j'aurais dû la tuer ! »

Cet homme avait soixante-deux ans. On ne lui connaissait pas de maladie physique ou mentale. On ne découvrait aucune espèce de motif. Mais en étudiant mieux sa vie, on sut qu'il avait été épileptique dans sa jeunesse, les accès étaient devenus de plus en plus rares, finalement ils avaient cessé. On n'en avait pas observé un seul depuis 40 ans. Mais chaque année, au retour du printemps, il était sujet à des accès d'exaltation, dans lesquels il proférait des injures et des menaces de mort. C'est à cette époque habituelle qu'il avait commis le crime.

Il est enfin un genre de délire, qui tantôt aigu, tantôt chronique, jette un grand nombre de sujets dans cette voie où fous et criminels se coudoient et risquent souvent d'être confondus : c'est l'alcoolisme. Je ne vous expliquerai pas ce qu'est le délire alcoolique, tout le monde en a entendu parler, il ne peut pas se confondre facilement avec le crime.

Ce qui nous intéresse davantage, c'est la question de l'hérédité au point de vue alcoolique. Le plus souvent on trouve, dans les fils d'alcooliques, des assassins, des dégénérés, des criminels, des fous. En voici d'ailleurs un exemple qui se passe de commentaires :

Il s'agit d'un père alcoolique dont les 7 enfants ont eu les destinées que voici :

Les deux premiers sont morts de convulsions dans le bas âge ;

Le troisième, arrivé à l'adolescence, a été enfermé comme incurable dans une maison de fous ;

Le quatrième est parvenu à l'âge adulte, mais c'était un alcoolique qui fut condamné à 5 ans de prison pour vagabondage ;

Après eux, vient une fille qui, s'étant mariée, tua son enfant, empoisonna son mari et finit par se suicider ;

Le sixième fut condamné à mort pour meurtre ;

Le septième a succombé tout jeune dans un hospice.

Enfin, le père de cette intéressante famille, devenu idiot et paralytique, a fini ses jours dans un asile d'aliénés.

*
* *

Est-ce qu'il n'y a pas lieu de croire, messieurs, que les membres d'une pareille famille sont irresponsables. Ces fils d'alcooliques devaient être, en effet, des fous moraux ; mais ne confondons pas : si ceux-là, ces criminels étaient des fous, il en est d'autres qui ne le sont pas, *tous les criminels ne sont pas des criminels aliénés*, foux moraux, fous impulsifs, épileptiques, monomanes... Il y a, c'est incontestable, des hommes faibles, sans éducation, sans bons exemples qui sont poussés au crime presque irrésistiblement, ils sont tout de même responsables, absolument comme ceux qui dépendent de parents vertueux ou intelligents ont du mérite à être à leur tour honnêtes et distingués, hommes de labeur ou homme de science. L'homme né de parents criminels n'est point exonéré de la conscience, s'il n'est idiot ou aliéné ; il est exposé à des dangers d'une nature particulière, mais il a reçu des avertissements, il est à même de faire des comparaisons, il sait où est le bien et où est le mal, il ne devient criminel que par les capitulations successives et réitérées de sa conscience ; le sens moral s'atténue de plus en plus et finit par disparaître ; au moment où il accomplit son crime il n'est peut-être plus responsable, mais on doit cependant le traiter comme un être ayant eu la volonté suffisante pour choisir entre le bien et le mal, entre le crime et la vie honnête.

C'est cet homme, messieurs, qu'il est difficile souvent de distinguer du fou, de celui qui a reçu en héritage de ses ancêtres, un « frein moral » insuffisant A propos de la difficulté de cette distinction, permettez-moi de faire un vœu : Il serait utile, très utile que les magistrats fassent des études spéciales sur les maladies mentales. Un magistrat ne sachant pas que l'aliénation mentale peut se concilier avec la préméditation, la ruse, l'habileté de la défense, que l'aliéné en général repousse le soupçon et l'excuse de la folie, pourra juger un examen médico-légal superflu et conclure à tort à l'intégrité des facultés mentales, sur des indices qui sont sans valeur, il lui arrivera ainsi d'envoyer au bagne un homme qui devrait aller à l'hôpital. Aussi ferait-on bien de compléter les cours de droit par des études philosophiques et physiologiques sur la folie. Pour juger ces très graves et difficiles problèmes de responsabilité, la connaissance du droit romain ne suffit pas. Il n'est pas téméraire, à mon avis, de supposer que le temps employé à concilier des passages inconciliables de jurisconsultes romains serait plus utilement employé à la connaissance de l'homme.

Alors on pourrait sans crainte de remords demander à la justice de défendre la société en punissant le coupable et prononcer en faveur des irresponsables la sublime parole : « Pardonnez-leur, car ils ne savent pas ce qu'ils font ! »

www.ingramcontent.com/pod-product-compliance
Ingram Content Group UK Ltd.
Pitfield, Milton Keynes, MK11 3LW, UK
UKHW020446220726
13923UKWH00005B/2365